Anne Berghaus

Christliche Impulse für Senioren

Impressum

Bibliografische Information der Deutschen Nationalbibliothek: Die Deutsche Nationalbibliothek verzeichnet diese Publikation in der Deutschen Nationalbibliografie; detaillierte bibliografische Daten sind im Internet über http://dnb.dnb.de abrufbar.

Titel:	Christliche Impulse für Senioren
Autorin:	Anne Berghaus
Copyright:	© 2023 Anne Berghaus
Korrektorat:	Malu Fränkert
Cover/Illustration:	Julia Thiel
Herstellung und Verlag:	BoD – Books on Demand, Norderstedt
ISBN:	9783734701641

Inhaltsverzeichnis

Vorwort   09

1. Johann Sebastian Bach   10
2. Gott hat ein offenes Ohr für unsere Bitten   12
3. Unser Leben ist nicht immer so, wie es
   sein sollte   14
4. Urlaub an der Nordsee   16
5. Glaubt an das Evangelium   19
6. Not lehrt Beten   21
7. Kann man Gott zu sich reden hören   23
8. Spieglein, Spieglein an der Wand …   25
9. Ein lieber Mensch ist gestorben   28
10. Er starb plötzlich und unerwartet   30
11. Gebete und Sterbesegen   32
12. Die Enkelkinder kommen   37
13. Die Zeit läuft und läuft   39
14. Ein Weg, um Gott zu finden: Das Gewissen   41
15. Ein Platz im Paradies   44
16. Verloren im Kaufhaus   47
17. Zum Schluss: Der verlorene Sohn   50
18. Quellenangabe   54

Vorwort

Mein Name ist Anne Berghaus. Ich bin katholisch, verheiratet und habe drei erwachsene Kinder. Von Beruf bin ich Altenpflegerin. Viele Jahre arbeitete ich in Senioren- und Wohnheimen. Hier war ich in der Betreuung und Seelsorge tätig.

Diese christlichen Impulse habe ich in Seniorenkreisen mit Erfolg eingesetzt. Anschließend gab es die Gelegenheit zu gemeinsamen Gesprächen. Ein anderes Mal habe ich diese Impulse während der Frühstücksrunde vorgelesen. Es gibt viele verschiedene Möglichkeiten, wie diese Impulse genutzt werden könnten. Auch für zu Hause zum Selberlesen sind sie sehr gut geeignet.

Ich wünsche Ihnen viel Freude, Gottes Segen und gute Gespräche und Gedanken mit diesen christlichen Impulsen.

Anne Berghaus

Impuls Nr. 1

Bibelvers: Psalmen 147,1

„Lobt den Herrn! Denn es ist gut, unserem Gott zu lobsingen: es ist lieblich, es gebührt ihm Lobgesang!"

1. Johann Sebastian Bach

Johann Sebastian Bach lebte von 1685-1750. Er war ein Genie und wird von vielen Fachleuten als der größte Komponist aller Zeiten angesehen.

Dabei war sein Leben alles andere als leicht: Bach wuchs in sehr bescheidenen Verhältnissen auf und konnte nur durch äußersten Fleiß sein Talent entfalten. Seine erste Frau starb plötzlich und ließ den Musiker mit vier Kindern zurück.

Geldsorgen, viel Arbeit und auch Konflikte mit seinen Arbeitgebern gab es häufig. Bach starb einsam und nahezu vergessen. Doch in allen Wechselfällen seines Lebens hielt der große Musiker an Jesus Christus fest, von dem er sich völlig abhängig wusste. »Jesu juva«, also »Jesus, hilf«, schrieb er oft über seine Werke. Die Matthäuspassion ist eines der größten Werke von Johann Sebastian Bach.

Darin hat er die Leidensgeschichte Jesu nach dem Matthäusevangelium auf unnachahmliche Weise vertont. Viele Menschen sind durch dieses »gesungene Evangelium« zum Glauben an Jesus Christus gekommen.

Ohne seinen Glauben an einen Schöpfer, der Ordnung in die Gesetze der Musik gelegt und den Menschen die Fähigkeit geschenkt hat, diese zu entdecken und sich daran zu erfreuen, ist Bach nicht zu verstehen. Er ist ein leuchtendes Beispiel dafür, dass der christliche Glaube Menschen nicht verdummt, sondern ihnen zu kreativen Höchstleistungen verhilft. Zugleich macht wahrer Glaube demütig, weshalb Bach häufig seine Werke signierte mit: «SDG.», also Soli Deo Gloria, allein Gott die Ehre.

Fragen zum Gespräch:

- Woher kommt die Fähigkeit zu schöner Musik?
- Haben Sie früher viel gesungen oder ein Instrument gespielt?

Lesen Sie den Psalmen 150, 1-6

Impuls Nr. 2

Bibelvers: Psalmen 34, 16

„Der HERR hat ein offenes Auge für alle, die ihm die Treue halten, und ein offenes Ohr für ihre Bitten."

2. Gott hat ein offenes Ohr für unsere Bitten

Nach der Geburt unseres dritten Kindes ging es mir nicht gut, denn ich hatte eine Art von Kindbettdepression. Ich sah die Arbeit, aber ich konnte sie nicht ausführen. Der Tisch musste abgeräumt werden, aber ich war wie gelähmt und konnte die normale Hausarbeit nicht verrichten. In dieser Situation schrie ich zu Gott um Hilfe, dann las ich in der Bibel.

Im Psalm 34 erhielt ich von Gott eine Antwort.

Psalm 34, Verse 15-20 15 „Kehrt euch vom Bösen ab und tut das Gute! Müht euch mit ganzer Kraft darum, dass ihr mit allen Menschen in Frieden lebt! Der HERR hat ein offenes Auge für alle, die ihm die Treue halten, und ein offenes Ohr für ihre Bitten. Denen, die Böses tun, widersteht er und lässt die Erinnerung an sie mit ihnen sterben. Doch wenn seine Treuen rufen, hört er sie und rettet sie aus jeder Bedrängnis. Wenn sie verzweifelt sind und keinen Mut mehr haben, dann ist er ihnen nahe und hilft. Wer dem HERRN treu bleibt, geht durch viele Nöte, aber aus allen befreit ihn der HERR."

Dieser Vers sprach mich besonders an. „Wer dem Herrn treu bleibt, geht durch viele Nöte, aber aus allen befreit ihn der Herr."

Ich spürte, dass die Hilfe Gottes kommen würde. Diese Hilfe erreichte mich durch meine Schwiegermutter. Sie kam für ungefähr ein halbes Jahr lang täglich zu mir. Wir erledigten gemeinsam die Hausarbeit und kümmerten uns um die Kinder. Langsam kam ich wieder zu Kräften und konnte meine Hausarbeit alleine bewältigen. Für diese Zeit bin ich Gott und meiner Schwiegermutter sehr dankbar.

Frage zum Gespräch:

- Hatten Sie auch schon einmal oder mehrmals eine schwere Zeit durchgemacht?
- Wer oder was hat Ihnen geholfen?

Impuls Nr. 3

Bibelvers: Lukas 19,3

„Und Zachäus sucht Jesus zu sehen, wer er sei und er konnte es nicht wegen der Volksmenge, denn er war klein von Gestalt."

3. Unser Leben ist nicht immer so, wie es sein sollte

Zachäus' geringe Körpergröße sorgte sicher oft für Spott. Vielleicht fing alles in der Schule an oder beim Spielen mit anderen Kindern. Wie oft wird er gegrübelt haben, warum gerade er so klein geraten sein musste. Vielleicht war er immer der Letzte, der beim Sport gewählt wurde. Irgendwann kam die Wut dann in ihm hoch: „Ich zeige es euch allen. Ich werde beweisen, dass ich es echt draufhabe. Dann werdet ihr merken, was es bedeutet hat, mich schlecht behandelt zu haben." Und Zachäus zeigte es allen. Er nutzte Beziehungen, pachtete eine Zollstation. Alle mussten an ihm vorbei, und er konnte sie so richtig abzocken. Sicher erwarb er sich ein stattliches Grundstück mit Villa und Teich. Er hatte es geschafft:

zwar klein gewachsen, aber groß herausgekommen.

So versuchen es andere auch: Der Sohn will dem Vater beweisen, dass er es doch drauf hat, die verlassene Freundin will ihrem Freund schon noch zeigen, was er an ihr hatte ... Und so gibt es unzählige ähnliche Situationen. Menschen tun etwas, um aus dem Loch der gefühlten Minderwertigkeit herauszukommen. Irgendwann sind sie vielleicht richtig gut, anscheinend glücklich. Nur - echte Freude gewinnt man dabei nicht;

auch Zachäus gelang das nicht. Wenn wir unsere innere Zufriedenheit in dem suchen, was wir tun, erreichen, erleben oder sind, werden wir enttäuscht. Das ist nicht alles, und das ist auch zu wenig. Deshalb suchte Zachäus weiter. Jesus interessierte ihn plötzlich. Dieser Jesus, dem so viele Menschen nachgingen, der überall half und Gutes verbreitete - und das alles ohne Bezahlungen. Dieser Jesus war so anders. Zachäus spürte eine innere Unruhe, da dieser Jesus mehr hatte als er. Deshalb suchte er ihn. Deshalb wollte er ihn unbedingt sehen.

Frage zum Gespräch:

- Haben Sie auch schon nach Gott gesucht?
- Wie sah Ihre Suche nach Gott aus?

Impuls Nr. 4

Bibelvers: Matthäus 24,35

„Himmel und Erde werden vergehen; aber meine Worte werden nicht vergehen."

4. Urlaub an der Nordsee

In unserer Familie sind wir immer gerne zur Nordsee gefahren. Schon als wir noch Kinder waren, sind unsere Eltern einmal im Jahr für einen Tag mit uns an die Nordsee gereist. Diese Tradition haben wir Geschwister alle übernommen und sind heute noch gerne an der Nordsee.

Dort gibt es eine Kette aus sieben ostfriesischen Inseln: Borkum, Juist, Norderney, Baltrum, Langeoog, Spiekeroog und Wangerooge. Diese Inseln und die Nachbarinseln sind über die Jahrhunderte aus dem Sand der Nordsee entstanden. Immer wenn Ebbe beziehungsweise Niedrigwasser war, konnte der Wind den Sandboden des Meeres trocknen und zu kleinen Hügeln aufhäufen. Die Strömung der Gezeiten, also Ebbe und Flut, taten ihr Übriges. So ist aus dieser großen Sandbank diese wunderschöne Inselkette entstanden. Allerdings werden durch Wind und Wasser die Formen der Inseln verändert. Die Wellen nagen immer wieder an den Dünen. Die Menschen auf den Inseln und an der Küste versuchen, ihr Land durch Deiche festzuhalten.

Das erinnert mich an eine Geschichte aus der Bibel. Kennen Sie die Geschichte von dem Haus, das auf Sand gebaut wurde?

Matthäus 7,24–27 24

„Darum, wer diese meine Rede hört und tut sie, der gleicht einem klugen Mann, der sein Haus auf Fels baute. Als nun ein Platzregen fiel und die Wasser kamen und die Winde wehten und stießen an das Haus, fiel es doch nicht ein; denn es war auf Fels gegründet. Und wer diese meine Rede hört und tut sie nicht, der gleicht einem törichten Mann, der sein Haus auf Sand baute. Als nun ein Platzregen fiel und die Wasser kamen und die Winde wehten und stießen an das Haus, da fiel es ein und sein Fall war groß.“

Wenn wir unser Leben mit Gott leben, dann ist unser Lebenshaus auf Felsen gegründet. Es wird den Widrigkeiten des Lebens standhalten.

Fragen zum Gespräch:

- Waren sie auch schon einmal auf einer dieser Nordsee- Inseln?
- Wo haben Sie früher gerne Urlaub gemacht?

Impuls Nr. 5

Bibelvers: Markus 1,15

„Jesus kam nach Galiläa und predigte das Evangelium Gottes. Er sagte: „Die Zeit ist erfüllet, und das Reich Gottes ist herbeikommen. Tut Buße und glaubt an das Evangelium!"

5. Glaubt an das Evangelium

Auch hier und jetzt ist das Reich Gottes nahe zu uns gekommen. Immer, wenn wir etwas von Jesus hören, dann ist das Reich Gottes nahe zu uns gekommen. Jesus lädt uns Menschen in das nahegekommene Gottesreich ein; die Hoffnung der Menschen auf Gemeinschaft mit Gott wird erfüllt, in Jesus ist das Reich Gottes da!

Wenn man das Wort Buße hört, denkt man vielleicht an einen Bußgeldbescheid für zu schnelles Fahren. Aber Buße im biblischen Sinne bedeutet Umkehr; Umkehr von einem Leben außerhalb der Liebe Gottes zu einem Leben mit Gott.

Der Weg der Umkehr ist ein Weg in die Arme eines guten Vaters; eines Vaters, der uns liebt, der in seinem Herzen schon lange unterwegs war, um uns zu suchen.

Jesus lädt uns ein, in sein Reich zu kommen.

Gebet:

Herr Jesus Christus, heute komme ich zu dir, um zu beten. In früheren Zeiten habe ich öfters gebetet, aber im Laufe meines Lebens bin ich immer weiter von dir weggekommen. Das tut mir jetzt leid und ich bitte dich um Vergebung dafür. Herr Jesus Christus, heute öffne ich dir mein Herz ganz neu. Ich lade dich ein, in mein Leben zu kommen. Ich möchte ab jetzt mit dir leben. So oft ich kann, möchte ich im Gebet zu dir kommen und so Gemeinschaft mit dir haben.

Amen

Impuls Nr. 6

Bibelvers: Psalm 50,15

„Bist du in Not, so rufe mich zu Hilfe! Ich werde dir helfen und du wirst mich preisen."

6. Not lehrt Beten

Heute geht es um das Beten Viele Menschen rufen in Notsituationen zu Gott: „Gott, wenn es dich gibt, dann hilf mir!".

Gott hört solch ein Gebet.

Ein Mann erzählte mir zum Beispiel folgendes Erlebnis aus seiner Zeit im Krieg: Einmal waren sie, die Soldaten, im Schützengraben stark unter Beschuss geraten. Neben ihm war ein bekennender Atheist. Dieser Mann lästerte immer wieder über Gott. Als der Beschuss übermächtig wurde und schon viele Soldaten tot neben ihnen lagen, begann dieser Mann laut zu beten. Er schrie: „Lieber Gott, hilf mir und lass mich nicht sterben." Die Männer haben diesen Angriff überlebt.

In Psalm 50,15 steht: „Bist du in Not, so rufe mich zu Hilfe! Ich werde dir helfen und du wirst mich preisen."

Um wie viel mehr können Christen beten, denn Beten ist Kommunikation nicht mit einem unbekannten Gott, sondern mit dem Erlöser und Vater! Beten ist ebenso natürlich wie Atmen und Reden. Beten ist ein Ausdruck unserer Gemeinschaft mit dem Vater, dem Sohn und dem heiligen Geist und unser Vorrecht als Kinder Gottes.

Wir können mit unserem himmlischen Vater über alles sprechen, wir können ihm alles sagen und ihn alles fragen! Ich muss immer an Don Camillo denken, der so herzerfrischend unfromm betete.

Fragen zum Gespräch:

- Beten oder sprechen sie mit Gott?

- Es ist nie zu spät um mit Gott ins Gespräch zu kommen!

Impuls Nr. 7

Bibelvers: Psalm 34,5

„Ich suchte den HERRN und er gab mir Antwort, er hat mich all meinen Ängsten entrissen."

7. Kann man Gott zu sich reden hören?

Ja, oft sind es Gedanken, von welchen man spürt oder weiß, dass sie mehr sind als die eigenen Gedanken oder irgendwelche Stimmen.

Oder Gott spricht zu einem beim Bibellesen durch Worte aus der Bibel. Auf einmal springt einen eine bestimmte Bibelstelle an und sie ist die Antwort auf ein Problem oder auf eine Frage, die man mit sich herumträgt.

Auch Bilder oder Träume können von Gott sein und uns helfen.

Manchmal spricht Gott auch durch Lebensumstände zu uns.

Es können auch Begegnungen mit Engeln sein, denn Engel sind dienstbare Wesen, die Gott sendet, um uns zu helfen.

Es gibt nichts, wodurch Gott nicht reden könnte. In der Bibel sprach Gott einmal sogar durch einen Esel zu einem Menschen.

Kann man lernen, Gottes Stimme zu hören? Ja! Es ist wichtig, zwischen irgendwelchen Stimmen und dem Wort Gottes unterscheiden zu lernen. Manchmal sind Menschen voller Stimmen, so dass es für sie schwierig ist, überhaupt noch zuzuhören, vor allem dann, wenn es um einen Gott geht, den man nicht sieht.

Wie kann man lernen, Gottes Reden zu hören? Man kann üben, auf Gottes Worte zu hören. Zu diesem Zweck braucht es Ruhe und Zeiten, in welchen man Gott seine Gedanken mitteilt oder in der Bibel liest. Es dauert in der Regel etwas länger, bis man irgendwelche Stimmen von Gottes Stimme unterscheiden kann

Fragen zum Gespräch:

- Wann und wie haben sie schon einmal Gottes Rede zu sich vernommen?

Impuls Nr. 8

Bibelvers: 1. Buch Mose 37, 4

„Jakobs Söhne sahen, dass ihr Vater Josef mehr liebte als alle seine anderen Söhne, und sie hassten ihn und mochten kein freundliches Wort mehr mit ihm reden."

Wir kennen doch alle das Märchen von Schneewittchen. Die Stiefmutter stand vor dem Spiegel und befragte ihn.

8. „Spieglein, Spieglein an der Wand, wer ist die Schönste im ganzen Land?"

Diese Geschichte mündet in einen Auftragsmord, der aber von dem Jäger nicht ausgeführt wurde. Später legte die böse Stiefmutter selber Hand an und versuchte das Schneewittchen zu ermorden. Was ihr aber schlussendlich nicht gelang.

- Wovor hatte die Stiefmutter Angst?

Vielleicht, dass ihr Ehemann, der König, in Schneewittchen immer an die große Liebe zu seiner ersten Frau erinnert wurde. Diesen Gedanken konnte sie nicht ertragen, darum musste Schneewittchen weg.

Es gibt auch Beispiele von Neid in der Bibel. Ich denke da an die Geschichte von Kain und Abel oder an Josef, der von seinen Brüdern verkauft wurde.

Den meisten Leuten sind diese Geschichten bekannt. Es wäre ja mal interessant, diese Geschichten in der Bibel zu lesen.

Wie entsteht Neid?

Oft entsteht Neid dadurch, dass man selber einen Mangel in seinem Leben erlebt hat.

Neid führt oft dazu, dass man Schadenfreude empfindet, wenn dem Beneideten etwas Schlechtes zustößt. Wir kennen doch alle das Sprichwort: „Schadenfreude ist die schönste Freude."

- Wie kann Neid entstehen?

Hierzu eine Geschichte aus der Bibel:

Josef war der zweitjüngste Sohn von Jakob und wurde dem Jakob erst im fortgeschrittenen Alter geboren. Außerdem war Josef der Sohn seiner Lieblingsfrau gewesen.

Jakob liebte seinen Sohn Josef mehr als die anderen Söhne. Auch verwöhnte er den Josef mehr als die anderen Söhne. Josef bekam von seinem Vater einen besonderen Ärmelrock. Des Weiteren fragte Jakob seinen Sohn Josef über die anderen Brüder aus. Mit anderen Worten: Josef war eine Petze. Dieses Verhalten des Vaters führte dazu, dass die Brüder anfingen ihren Bruder Josef zu hassen. Im 1. Buch Mose Vers 4 lesen wir: „ … und sie sprachen kein freundliches Wort mehr mit ihm."

Hier finden wir die Ursache für das Mobbing innerhalb der Familie gegen Josef. Der Neid auf Josef führte zu feindseligen Verhaltensweisen der Geschwister gegen ihren Bruder, sodass sie kein freundliches Wort mehr mit ihm redeten.

Anregung zum anschließenden Gespräch:

- Wo haben Sie in ihrem Leben Neid empfunden?
- Wie sind Sie damit umgegangen?
- Haben Sie unter Neid von anderen gelitten?

Impuls Nr. 9

Bibelvers: Johannes 64, 1-4 und 5

„Jesus sprach zu seinen Jüngern: „Euer Herz lasse sich nicht verwirren! Glaubt an Gott und glaubt an mich! Im Haus meines Vaters gibt es viele Wohnungen. Wenn es nicht so wäre, hätte ich euch dann gesagt: Ich gehe, um einen Platz für euch vorzubereiten? Wenn ich gegangen bin und einen Platz für euch vorbereitet habe, komme ich wieder und werde euch zu mir holen, damit auch ihr dort seid, wo ich bin. Und wohin ich gehe, den Weg dorthin kennt ihr.

Ich bin der Weg und die Wahrheit und das Leben; niemand kommt zum Vater außer durch mich.""

9. Ein lieber Mensch ist gestorben

Ein Mensch ist gegangen. Über die Schwelle des Todes. Gleichsam auf einer Brücke.

Hinaus in eine andere Wirklichkeit des Lebens.

Auf einer Brücke, die das Dasein und das Jenseits verbindet.

Dieser Mensch hat eine ganz persönliche Erfahrung gemacht. Er hat eine Lücke hinterlassen.

Es gilt nicht, diese Lücke zuzuschütten.

Es gilt nun für die, die zurück bleiben, eine Brücke darüber zu schlagen.

Eine Brücke der Erinnerung, der Sehnsucht, der Liebe.

Eine Brücke, die Zeit und Ewigkeit verbindet.

Über diese Brücke gehen wir, die wir zurückgeblieben sind.

Unsere Gefühle der Trauer und der Einsamkeit sollen jedoch nicht zu Fesseln werden.

Wir können niemanden zurückholen.

Wir können von unserer Lebenszeit nicht einen Moment noch einmal erleben.

Lassen wir los – in Gottes Hände.

Fragen zum Gespräch:

- Um welchen Menschen trauen Sie?

Impuls Nr. 10

Bibelvers: Johannes 17,3

„Dies aber ist das ewige Leben, dass sie dich, den allein wahren Gott und den du gesandt hast, Jesus Christus, kennen.

10. Er starb plötzlich und unerwartet

Mit meiner 89 jährigen Mutter wohnte ich einer Weihnachtsfeier bei. Der Saal füllte sich langsam immer mehr. Bei uns am Tisch waren noch einige Plätze frei. Wer würde diese Plätze wohl belegen?

Auf einmal waren sie da, es war ein Ehepaar mitten in den Siebzigern. Ich kannte sie gut, denn es waren die Nachbarn aus meiner Kindheit. Meine Mutter freute sich auch sehr, unsere ehemaligen Nachbarn zu sehen. Sie setzten sich an unseren Tisch. Wir freuten uns alle über dieses Wiedersehen und erlebten gemeinsam einen schönen adventlichen Nachmittag.

Zwei Wochen später erfuhr ich, dass dieser Nachbar plötzlich und unerwartet verstorben war. Einige Tage vor Weihnachten. Wie schrecklich für die ganze Familie.

Ich fragte mich innerlich: Wie sah es mit dem Glauben dieses Mannes aus? Ich wusste es nicht.

Dieser Mann war von seiner Konfession her katholisch. Also ist er als Kind auch zur ersten Heiligen Kommunion gegangen. Das war eine seiner frühen Möglichkeiten, Jesus in sein Leben aufzunehmen.

Im Laufe unsers Lebens haben wir viele Möglichkeiten, um mit Gott in Kontakt zu kommen und Jesus in unser Leben zu bitten.

Johannesevangelium 1,12

„Jeder, der Jesus aufnimmt und ihm vertraut, der hat das Recht, ein Kind Gottes zu sein."

Fragen zum Gespräch:

- Wie stehen Sie zu Gott?
- Es ist nie zu spät um Jesus in sein Leben einzuladen!

Johannesevangelium 14,6

„Jesus sagt: Ich bin der Weg, der zur Wahrheit und zum Leben führt. Einen anderen Weg zum Vater gibt es nicht."

11. Gebete und Sterbesegen

Gebet:

Gott, du unser Vater und Herr, du hast uns ins Leben gerufen, in die große Gemeinschaft der Menschen. Du hast uns nach deinem Bild geschaffen, zur Liebe fähig, damit wir einander finden, einander helfen, füreinander da sind. So sollen wir unseren Lebensweg gehen. Für jeden von uns kommt jedoch die Stunde, da wir diese Gemeinschaft verlassen müssen. Lass uns dann begreifen, dass der Abschied kein Ende unseres Daseins ist und dass unsere Liebe Brücken zu bauen vermag in jene Wirklichkeit, die du in deiner Liebe für uns bereitet hast und die uns eröffnet ist durch Jesus Christus, unseren Herrn. **Amen**

Gebet:

Herr Jesus Christus, ich bitte Dich, komm in mein Leben, ich möchte mit Dir leben und von Dir lernen.

Bitte vergib mir alle meine Schuld und hilf mir, denen zu vergeben, die an mir schuldig geworden sind. Du hast versprochen immer bei mir zu bleiben, auch in der Stunde meines Todes. Ich darf in Ewigkeit bei Dir leben. So wie Jesus auferstanden ist, so werde auch ich auferstehen. Das Schönste liegt noch vor mir. Ewiges Leben im Himmel. **Amen**

Vater unser im Himmel

Vater unser im Himmel
Geheiligt werde dein Name.
Dein Reich komme.
Dein Wille geschehe,
wie im Himmel, so auf Erden.
Unser tägliches Brot gib uns heute.
Und vergib uns unsere Schuld,
wie auch wir vergeben unsern Schuldigern.
Und führe uns nicht in Versuchung,
sondern erlöse uns von dem Bösen.
Denn dein ist das Reich
und die Kraft und die Herrlichkeit
in Ewigkeit.   **Amen**

Zuspruch von Gott dem Vater

Du weißt gar nicht, wo du hingehörst, du fühlst dich nirgendwo so richtig willkommen. Du fühlst dich nirgendwo zu Hause. Gott sagt dir, bei mir kannst du zu Hause sein. Ich lade dich ein: Komm in mein Haus, sei mein Kind. Ich bin dein Vater, ich achte auf dich. Ich sorge für dich. Du musst nicht mehr alleine kämpfen, lass mich das für dich tun. **Amen**

Glaubensbekenntnis

Ich glaube an Gott,
den Vater, den Allmächtigen,
den Schöpfer des Himmels und der Erde,
und an Jesus Christus,
seinen eingeborenen Sohn, unseren Herrn,
empfangen durch den Heiligen Geist,
geboren von der Jungfrau Maria,
gelitten unter Pontius Pilatus,
gekreuzigt, gestorben und begraben,
hinabgestiegen in das Reich des Todes,
am dritten Tage auferstanden von den Toten,
aufgefahren in den Himmel;
er sitzt zur Rechten Gottes,
des allmächtigen Vaters;
von dort wird er kommen,
zu richten die Lebenden und die Toten.
Ich glaube an den Heiligen Geist,

die heilige, katholische (oder christliche) Kirche,
Gemeinschaft der Heiligen,
Vergebung der Sünden, Auferstehung der Toten
und das ewige Leben. **Amen**

Sterbesegen

(Name des verstorbenen), dein Leben ist einmalig und kostbar.

Es sei gesegnet im Angesicht Gottes. Alles, was dir in den Sinn gekommen ist, alles, was du gedacht und ersonnen hast, geglaubt und erhoffst, alle Liebe, die du verschenkt hast, sei gesegnet durch den dreieinigen Gott.

Alles, was du in die Hand genommen und geschaffen hast, ob geglückt oder misslungen, alle Schuld, die du auf dich geladen hast, sei angenommen durch den dreieinigen Gott.

Alles, was dir gegeben wurde, das Leichte und das Schwere, Freud und Leid, alles, was zu Ende geht und auch das, was dein Leben überdauern wird und bleibt, sei getragen vom dreieinigen Gott.

Gott sende dir seinen Engel entgegen. Er nehme dich bei der Hand und führe dich durch Dunkelheit und Nacht ins Licht.

Im Namen des Vater und des Sohnes und des Heiligen Geistes.

Amen

Impuls Nr. 12

Bibelvers: Sprüche 22,6

„Gewöhne den Jungen an seinen Weg, dann bleibt er auch im Alter dabei."

12. Die Enkelkinder kommen

Laura, unsere Enkelin, ist jetzt fast 2 Jahre alt. Sie ist ein Goldschatz, sie lacht ständig und macht uns wirklich viel Freude. Fast jede Woche kommt sie mit ihrem 5 Jahre alten Bruder Henry zu uns: Wir freuen uns immer, wenn sie kommen, aber wir freuen uns auch, wenn sie wieder gehen.

Warum? Nun, die kleine, süße Laura kann, wenn sie ihren Willen nicht bekommt, richtig böse sein. Dann weint sie und schreit, als hätte sie furchtbare Schmerzen. Sie hat aber keine Schmerzen, sie hat nur ihren Willen nicht bekommen.

Wir als Großeltern kennen das. Wir haben auch Kinder großgezogen. Was ist zu tun, wenn Kinder sich so herausfordernd verhalten?

Wir müssen ihnen beibringen, dass man nicht alles bekommt, was man haben möchte.

Diesen Widerstand müssen wir aushalten. Wir können nicht alles durchgehen lassen und nicht alles erlauben.

Die Bibel rät uns, das Kind an „seinen Weg zu gewöhnen". Wir setzen den Kleinen Grenzen, wir zeigen ihnen auf, dass über ihnen Autoritäten sind, die sie lernen müssen zu achten. Menschsein bedeutet, in Grenzen zu leben, sonst gibt es keine Freiheit.

Auch haben wir selber in unseren Leben oft Grenzen überschritten.

König David nannte seine Übertretungen beim Namen: Er bat Gott für seine Sünden um Vergebung.

„Ich tat dir meine Sünde kund und habe meine Ungerechtigkeit nicht zugedeckt. Ich sprach: Ich will dem HERRN meine Übertretungen bekennen; und du hast die Ungerechtigkeit meiner Sünde vergeben."

Nachzulesen im Psalmen 32,5.

Fragen zum Gespräch:

- Können Sie sich noch an einige Auseinandersetzungen mit ihren Kindern oder Enkelkindern erinnern?

Impuls Nr. 13

Bibelvers: 2. Korinther 6,2

„Seht doch: Jetzt ist die Zeit der Gnade! Begreift doch: Heute ist der Tag der Rettung!"

13. Die Zeit läuft und läuft

Das Jahr neigt sich wieder dem Ende zu. Nur noch wenige Tage bis Silvester. Dann beginnt ein neues Jahr.

Die Zeit ist schon eine faszinierende physikalische Größe. Sie ist eine der wenigen Größen, die keine Richtung hat. Bei der Zeit gibt es kein Rechts oder Links und schon gar kein Zurück. Die Zeit geht einfach immer nur weiter. Die Vergangenheit ist vorbei und nicht mehr beeinflussbar. Die Zukunft ist noch nicht geschehen und liegt auch nicht in unserer Hand. Es ist lediglich der momentane Augenblick, die Gegenwart, in der wir handeln und entscheiden können. Die Zeit läuft weiter und sie läuft ab, wie das vergangene Jahr.

Es ist auch höchste Zeit, sich mit dem Gedanken an Gott auseinanderzusetzen. Er hat alles für unsere Rettung vor dem ewigen Tod getan. Er bietet uns

Leben an. Jetzt ist die richtige Zeit, darauf einzugehen. Jetzt ist der Tag der Rettung. Schieben Sie es nicht hinaus. Die Zeit läuft.

Fragen zum Gespräch:

- Neigen Sie auch dazu, Dinge auf die lange Bank zu schieben?

Gebet:

Herr Jesus Christus, heute komme ich zu dir, um zu beten. In früheren Zeiten habe ich öfters gebetet, aber im Laufe meines Lebens bin ich immer weiter von dir weggekommen. Das tut mir jetzt leid und ich bitte dich um Vergebung dafür. Herr Jesus Christus, heute öffne ich dir mein Herz ganz neu. Ich lade dich ein, in mein Leben zu kommen. Ich möchte ab jetzt mit dir leben. So oft ich kann, möchte ich im Gebet zu dir kommen und so Gemeinschaft mit dir haben.

Amen

Impuls Nr. 14

Bibelvers: 1. Petrus 3, 21

„Wir bitten Gott, uns ein reines Gewissen zu schenken. Das ist möglich geworden, weil Jesus Christus auferstanden ist."

Wer ist dein Gott?

Ein Großteil der Menschen in unserem Land glaubt nicht mehr an Gott.

Viele, die sich heute zu den modernen und aufgeklärten Menschen zählen, haben nur noch ein müdes Lächeln für die Gläubigen übrig.

Wie aber sollen wir uns Gott vorstellen?

Wo finden wir Gott?

Lässt Gott sich überhaupt finden?

14. Ein Weg um Gott zu finden: Das Gewissen

Unabhängig von der persönlichen, sozialen und kulturellen Prägung hat jeder von uns ein "natürliches" sittliches Empfinden von Recht und Unrecht. Gott selbst hat dieses Gespür in uns eingepflanzt.

Wer kennt nicht die Zufriedenheit eines reinen Gewissens.

Wer kennt nicht auch Schuldgefühle?

Alles Bemühen, das anklagende Gewissen zu beschwichtigen, Fehler zu verdrängen oder zu vergessen, sind letztendlich unwirksam.

Oft kommen die Gedanken an alte Schuld bei Sterbenden hoch und quälen und ängstigen uns.

Unser Gewissen soll uns zu Gott treiben, denn bei ihm allein ist Vergebung und Gnade.

Sag mir, wie heißt dein Gott?

Sein Name ist Jesus. Der Name bedeutet: „Gott rettet." In Jesus Christus ist Gott uns ganz nahe gekommen.

Jesus Christus ist am Kreuz gestoben, für die Schuld aller Menschen. Wenn wir glauben, dass Jesus Christus auch für mich und meine persönliche Schuld gestorben ist, dann vergibt er auch mir alle meine Sünden, wenn ich ihn darum bitte. Dann ist der Himmel für mich offen.

Gebet:

Vater unser im Himmel,
geheiligt werde dein Name.
Dein Reich komme.
Dein Wille geschehe wie im Himmel, so auf Erden.
Unser tägliches Brot gib uns heute.
Und vergib uns unsere Schuld, wie auch wir vergeben
unsern Schuldigern.
Und führe uns nicht in Versuchung, sondern erlöse uns
von dem Bösen.
Denn dein ist das Reich und die Kraft und die
Herrlichkeit in Ewigkeit.

Amen

Impuls Nr. 15

Bibelvers: Johannes 14,2

„Im Hause meines Vaters sind viele Wohnungen. Wenn es nicht so wäre, würde ich euch gesagt haben: Ich gehe hin, euch eine Stätte zu bereiten?"

15. Ein Platz im Paradies

Viele Menschen denken, dass sie vor Gott eigentlich ganz gut dastehen, weil sie während ihres Lebens genug Gutes getan haben. Ein Platz im Paradies scheint ihnen sicher. Doch die Bibel zeigt klar, dass wir nicht aus eigener Anstrengung zu Gott bzw. ins Paradies kommen können.

Die folgende Begebenheit aus der Bibel verdeutlicht das sehr gut: Drei Männer werden gekreuzigt. Zwei Verbrecher - links und rechts - und in der Mitte ein außergewöhnlicher Mensch, Jesus. Die beiden Verbrecher spotten über Jesus wie auch alle anderen, die um das Kreuz herumstehen. In ihren letzten Zügen sprudelt ihr Hass aus ihnen heraus. Doch auf einmal ruft Jesus: „Vater, vergib ihnen, denn sie wissen nicht, was sie tun!" Einer der Verbrecher ist darüber sehr erstaunt. Wie kann das sein? Da betet einer um Vergebung für seine Henker und Spötter: Plötzlich erkennt der Verbrecher seine Schuld vor Gott. Sein ganzes Leben läuft wie ein Film vor ihm ab. Für ihn kann es doch keine Rettung mehr geben. Er kann doch nichts mehr tun - angenagelt an einem Kreuz! Doch hatte Jesus nicht gerufen: „Vater, vergib ihnen?" Gilt das nicht auch ihm? Der Mann richtet sich noch einmal auf und sagt zu den anderen Verbrechern: „Wir haben das bekommen, was wir verdient haben, aber dieser Jesus hat nichts Unrechtes getan." Dann wendet er sich zu Jesus: „Herr, gedenke an mich, wenn du in deine Königsherrschaft kommst!" Seine letzte Hoffnung ist Jesus. Und Jesus spricht zu ihm: „Wahrlich, ich sage dir: Heute wirst du mit mir im Paradies sein!" Für den Verbrecher war ein Platz im Paradies sicher, weil er seine Schuld erkannte und sich an den Einzigen wandte, der Sünde vergeben kann.

Gebet:

Herr Jesus Christus, bitte komm in mein Leben, ich möchte mit dir leben und von dir lernen. Bitte vergib mir alle meine Schuld und hilf mir, denen zu vergeben, die an mir schuldig geworden sind. Du hast versprochen immer bei mir zu bleiben, auch in der

Stunde meines Todes, du wirst mich zum Ewigen Leben in deine Herrlichkeit durch den Tod hindurch bringen. So wie Jesus auferstanden ist, so werden auch wir auferstehen. **Amen**

Impuls Nr. 16

Bibelvers: Johannes 3, 16

„Denn so hat Gott die Welt geliebt, dass er seinen eingeborenen Sohn gab, damit jeder, der an ihn glaubt, nicht verloren geht, sondern ewiges Leben hat."

16. Verloren im Kaufhaus

Kennen Sie diese nervenaufreibende Situation, wenn Ihnen beim Gedränge in der Fußgängerzone plötzlich Ihr Kleinkind verloren geht? Zuerst ist da der Schreck, wenn man es aus den Augen verloren hat. Dazu kommt die Unsicherheit, wohin es sich entfernt haben könnte. W soll man zuerst suchen? Wählt man die eine Richtung, könnte es sich ja gleichzeitig in die andere Richtung noch weiter entfernen. So langsam steigt Panik hoch. Hoffentlich gerät es nicht in falsche Hände. Was soll man bloß tun? Welche Erleichterung, wenn es dann rechtzeitig wieder auftaucht, bevor man

die Polizei informiert.

Woraus erklärt sich diese hochsensible Reaktion der Eltern, während um sie herum unzählige Menschen von dem Problem unberührt bleiben, das nach der Meinung der Eltern dringend eine Lösung verlangt?

1. Eltern lieben ihre Kinder. Ein unsichtbares Band verbindet sie mit ihnen. Wenn hier Verlust droht, werden tiefe Empfindungen aktiviert, die sie zum sofortigen Handeln veranlassen.

2. Eltern empfinden Verantwortung für ihre Kinder. Ihnen gilt ihre ganze Fürsorge, weil sie - allein auf sich gestellt - in Gefahr sind.

Was macht ein Schöpfer mit seinen Geschöpfen, die von ihm weggelaufen sind? Er empfindet nicht weniger Liebe für sie als die oben beschriebenen Eltern, und er hat die Verantwortung für sie übernommen, dass sie nicht verloren gehen. In Jesus hat Gott uns Menschen aufgesucht, die sich weit weg von ihm verirrt hatten, um den drohenden Totalverlust von uns abzuwenden. In Jesus reicht er jedem die Hand, um das Band der Liebe neu zu knüpfen. Und in Jesus bietet er uns ewiges Leben an, das nie mehr durch den Tod bedroht ist.

Joh.3,16 „Denn so hat Gott die Welt geliebt, dass er seinen eingeborenen Sohn gab, damit jeder, der an ihn glaubt, nicht verloren geht, sondern ewiges Leben hat."

Jeder, der Jesus in sein Leben aufnimmt, der hat das Recht ein Kind Gottes zu sein.

Fragen zum Gespräch:

- Hatten sie auch schon mal ein Kind verloren?
- Möchten sie heute Jesus in ihr Leben aufnehmen?

Dies können wir mit folgendem Weihnachtslied sehr gut zum Ausdruck bringen.

1. Zu Bethlehem geboren
Ist uns ein Kindelein,
Dies hab ich auserkoren,
Sein eigen will ich sein.
Eija, eija,
Sein eigen will ich sein.

17. Vom verlorenen Sohn

Lukas 15, 11-32 11

„Und er sprach: Ein Mensch hatte zwei Söhne. Und der jüngere von ihnen sprach zu dem Vater: Gib mir, Vater, das Erbteil, das mir zusteht. Und er teilte Hab und Gut unter sie. Und nicht lange danach sammelte der jüngere Sohn alles zusammen und zog in ein fernes Land; und dort brachte er sein Erbteil durch mit Prassen. Als er aber alles verbraucht hatte, kam eine große Hungersnot über jenes Land und er fing an zu darben und ging hin und hängte sich an einen Bürger jenes Landes; der schickte ihn auf seinen Acker, die Säue zu hüten. Und er begehrte, seinen Bauch zu füllen mit den Schoten, die die Säue fraßen; und niemand gab sie ihm. Da ging er in sich und sprach: Wie viele Tagelöhner hat mein Vater, die Brot in Fülle haben, und ich verderbe hier im Hunger! Ich will mich aufmachen und zu meinem Vater gehen und zu ihm sagen: Vater, ich habe gesündigt gegen den Himmel und vor dir. Ich bin hinfort nicht mehr wert, dass ich dein Sohn heiße; mache mich einem deiner Tagelöhner gleich! Und er machte sich auf und kam zu seinem Vater. Als er aber noch weit entfernt war, sah ihn sein Vater und es jammerte ihn, und er lief und fiel ihm um den Hals und küsste ihn. Der Sohn aber sprach zu ihm: Vater, ich habe gesündigt gegen den Himmel und vor dir; ich bin hinfort nicht mehr wert, dass ich dein Sohn heiße. Aber der Vater sprach zu seinen Knechten: Bringt schnell das beste Gewand her und zieht es ihm an und gebt ihm einen Ring an seine Hand und Schuhe an seine Füße und bringt das gemästete Kalb und schlachtet's; lasst uns essen und fröhlich sein! Denn dieser mein Sohn war tot und ist wieder lebendig geworden; er war verloren und ist gefunden worden. Und sie fingen an, fröhlich zu sein. Aber der ältere Sohn war auf dem Feld. Und als er nahe zum Hause kam, hörte er Singen und Tanzen und rief zu sich einen der Knechte und fragte, was das wäre. Der aber sagte ihm: Dein Bruder ist gekommen, und dein Vater hat das gemästete Kalb geschlachtet, weil er ihn gesund wiederhat. Da wurde er zornig und wollte nicht hineingehen. Da ging sein Vater heraus und bat ihn. Er antwortete aber und sprach zu seinem Vater: Siehe, so viele Jahre diene ich dir und habe dein Gebot nie übertreten, und du hast mir nie einen Bock gegeben, dass ich mit meinen Freunden fröhlich wäre. Nun aber, da dieser dein Sohn gekommen ist, der dein

Hab und Gut mit Huren verprasst hat, hast du ihm das gemästete Kalb geschlachtet. Er aber sprach zu ihm: Mein Sohn, du bist allezeit bei mir und alles, was mein ist, das ist dein. Du solltest aber fröhlich und guten Mutes sein; denn dieser dein Bruder war tot und ist wieder lebendig geworden, er war verloren und ist wiedergefunden."

Gebet:

Zuspruch von Gott, dem Vater. Du weißt gar nicht, wo du hingehörst, du fühlst dich nirgendwo so richtig willkommen. Du fühlst dich nirgendwo zu Hause. Ich sage dir, bei mir kannst du zu Hause sein. Ich lade dich ein: Komm in mein Haus, sei mein Kind. Ich bin dein Vater, ich achte auf dich. Ich sorge für dich. Du musst nicht mehr alleine kämpfen, lass mich das für dich tun. **Amen**

Gedanken für den Austausch:

Der Vater reagiert keineswegs zornig. Offenbar hat er insgeheim auf diese Rückkehr gehofft.

Nun geht er, im Orient fast ein Skandal, dem Ehrlosen entgegen, umarmt und küsst ihn zum Zeichen der Vergebung.

Wenn wir Jesus sehen, dann sehen wir auch den Vater. Gott will unser Vater sein.

Ein besonders kostbarer und schöner Name Gottes ist ABBA (Aramäisch) und bedeutet: Lieber Vater.

Jesus will uns Menschen den Vater zeigen. Gott, in all seiner Größe, Macht und Unbegreiflichkeit, will Dein Vater sein.

Er liebt dich bedingungslos. Was dein irdischer Vater nicht konnte oder nicht getan hat.

Gott Vater ist anders, er ist gut! **Er liebt Dich.**

18. Quellenangabe

Bibelstellen:

Alle Bibelstellen sind der „Guten Nachricht Bibel", Neuausgabe aus dem Jahr 2018, entnommen.

„Das Vaterunser" hat Jesus Christus uns gegeben.

Fotos: Privat

Lied: „Zu Bethlehem geboren" ist ein deutsches Weihnachtslied mit einem Text von Friedrich Spee (1591–1635), das 1638 erstmals in seiner heutigen Form in einem Kölner Gesangbuch veröffentlicht wurde.

Weitere Bücher von Anne Berghaus

Andachten für Menschen mit und ohne Demenz

Die Andachten sind so ausgearbeitet, dass sie ohne große Vorbereitungszeit eingesetzt werden können.

Weitere Bücher sind…

Bibel teilen

Sterbebegleitung

Kann künstliche Intelligenz bei Demenz helfen

Gebete und Bibelverse für Kinder

Spiele, Geschichten und Aktivierungen für Senioren